essentials

Essentials liefern aktuelles Wissen in konzentrierter Form. Die Essenz dessen, worauf es als „State-of-the-Art“ in der gegenwärtigen Fachdiskussion oder in der Praxis ankommt. Essentials informieren schnell, unkompliziert und verständlich.

- als Einführung in ein aktuelles Thema aus Ihrem Fachgebiet
- als Einstieg in ein für Sie noch unbekanntes Themenfeld
- als Einblick, um zum Thema mitreden zu können.

Die Bücher in elektronischer und gedruckter Form bringen das Expertenwissen von Springer-Fachautoren kompakt zur Darstellung. Sie sind besonders für die Nutzung als eBook auf Tablet-PCs, eBook-Readern und Smartphones geeignet.

Essentials: Wissensbausteine aus Wirtschaft und Gesellschaft, Medizin, Psychologie und Gesundheitsberufen, Technik und Naturwissenschaften. Von renommierten Autoren der Verlagsmarken Springer Gabler, Springer VS, Springer Medizin, Springer Spektrum, Springer Vieweg und Springer Psychologie.

André Wiedenhofer

Flexibilitätspotenziale heben – IT-Wertbeitrag steigern

HMD Best Paper Award 2013

André Wiedenhofer
Hamburg
Deutschland

ISSN 2197-6708 ISSN 2197-6716 (electronic)
ISBN 978-3-658-06710-6 ISBN 978-3-658-06711-3 (eBook)
DOI 10.1007/978-3-658-06711-3

Die Deutsche Nationalbibliothek verzeichnet diese Publikation in der Deutschen Nationalbibliografie; detaillierte bibliografische Daten sind im Internet über http://dnb.d-nb.de abrufbar.

Springer Vieweg

Gedruckt auf säurefreiem und chlorfrei gebleichtem Papier

Springer Vieweg ist eine Marke von Springer DE. Springer DE ist Teil der Fachverlagsgruppe Springer Science+Business Media
www.springer-vieweg.de

Vorwort

Der prämierte Beitrag

Der Begriff IT-Wertbeitrag wird bereits seit einigen Jahren sowohl in der Forschung, als auch Praxis intensiv diskutiert. Er darf mit Fug und Recht als Herausforderung für Praxis und Wissenschaft gelten. Denn bis heute gelingt es nur bedingt, den Wertbeitrag allgemein und – noch schwieriger – den Wertbeitrag in der IT fassbarer werden zu lassen oder ihn gar konkret zu berechnen. Oftmals fehlt zum einen eine genaue Kenntnis über Ursachen und Wirkungen von Maßnahmen in der IT auf die Geschäftstätigkeit und den wirtschaftlichen Erfolg eines Unternehmens. Zum anderen ist eine ceteris-paribus-Betrachtung selten zulässig oder möglich. Zu viele unterschiedliche Maßnahmen werden „im Bündel" umgesetzt, einzelne, den Wertbeitrag steigernde Bemühungen der IT können nicht separat gemessen werden. Um so wichtiger ist eine weiter andauernde kritische Auseinandersetzung mit diesem Thema, auch wenn eine Betrachtung bislang oftmals eher qualitativ ausfallen muss. Denn jede Annäherung ist ein Mosaikstein zur Lösung der Frage, was der Wertbeitrag ist und wie er präzise ermittelt werden kann.

André Wiedenhofer ist mit seinem in Ausgabe 289 der HMD – Praxis der Wirtschaftsinformatik erschienenen Beitrag „Flexibilitätspotenziale heben – IT-Wertbeitrag steigern" eine wertvolle Annäherung gelungen. Er ist daher einer von drei prämierten Beiträgen des HMD Best Paper Award 2013. Besonders gut hat der Jury an dem Beitrag neben einer ausgeprägten Zielgruppenadressierung und leichten Lesbarkeit gefallen, dass er sehr nachvollziehbar und handlungsorientiert geschrieben ist.

Vor dem Hintergrund der Dynamik internationaler Märkte ermöglicht der Beitrag zunächst einen Einblick in die Anforderungen, die aktuell an die IT-Funktion gestellt werden. Der Autor zeigt gut strukturiert auf, dass die Marktdynamik die Unsicherheit aller Beteiligten erhöht – leider auch und ganz besonders die der IT. Als Ausweg aus dem sich zwangsläufig ergebenden Dilemma der „richtigen" Entscheidung wird Flexibilität als Instrument vorgeschlagen. Nur wer in der Lage ist, mit Flexibilität richtig umzugehen, kann die Anforderungen an die IT-Funktion effektiv umsetzen. Als wesentliche Instrumente zur Erreichung höherer Flexibilität in der IT – und damit einer flexiblen IT – gelten Redundanz, Modularität, Lernfähigkeit und Rekonfigurationsfähigkeit. Mit ihrer Hilfe kann die IT-Funktion so ausgestaltet werden, dass die induzierte Flexibilitätsverbesserung letztlich auch den Wertbeitrag maßgeblich erhöht.

Die HMD – Praxis der Wirtschaftsinformatik und der HMD Best Paper Award

Alle HMD-Beiträge basieren auf einem Transfer wissenschaftlicher Erkenntnisse in die Praxis der Wirtschaftsinformatik. Umfassendere Themenbereiche werden in HMD-Heften aus verschiedenen Blickwinkeln betrachtet, so dass in jedem Heft sowohl Wissenschaftler als auch Praktiker zu einem aktuellen Schwerpunktthema zu Wort kommen. Den verschiedenen Facetten eines Schwerpunktthemas geht ein Grundlagenbeitrag zum State of the Art des Themenbereichs voraus. Damit liefert die HMD IT-Fach- und Führungskräften Lösungsideen für ihre Probleme, zeigt ihnen Umsetzungsmöglichkeiten auf und informiert sie über Neues in der Wirtschaftsinformatik. Studierende und Lehrende der Wirtschaftsinformatik erfahren zudem, welche Themen in der Praxis ihres Faches Herausforderungen darstellen und aktuell diskutiert werden.

Wir wollen unseren Lesern und auch solchen, die HMD noch nicht kennen, mit dem „HMD Best Paper Award“ eine kleine Sammlung an Beiträgen an die Hand geben, die wir für besonders lesenswert halten, und den Autoren, denen wir diese Beiträge zu verdanken haben, damit zugleich unsere Anerkennung zeigen. Mit dem „HMD Best Paper Award“ werden alljährlich die drei besten Beiträge eines Jahrgangs der Zeitschrift „HMD – Praxis der Wirtschaftsinformatik“ gewürdigt. Die Auswahl der Beiträge erfolgt durch das HMD-Herausgebergremium und orientiert sich an folgenden Kriterien:

- Zielgruppenadressierung
- Handlungsorientierung und Nachhaltigkeit
- Originalität und Neuigkeitsgehalt
- Erkennbarer Beitrag zum Erkenntnisfortschritt
- Nachvollziehbarkeit und Überzeugungskraft
- Sprachliche Lesbarkeit und Lebendigkeit

Alle drei prämierten Beiträge haben sich in mehreren Kriterien von den anderen Beiträgen abgesetzt und verdienen daher besondere Aufmerksamkeit. Neben dem Beitrag von André Wiedenhofer wurden ausgezeichnet:

- Disterer, G.; Kleiner, C.: BYOD – Bring Your Own Device. HMD – Praxis der Wirtschaftsinformatik 50 (2013), 290, S. 92–100.
- Pelzl N.; Helferich A.; Herzwurm, G.: Wertschöpfungsnetzwerke deutscher Cloud-Anbieter. HMD – Praxis der Wirtschaftsinformatik 50 (2013), 292, S. 42–52.

Die HMD ist vor 50 Jahren erstmals erschienen: Im Oktober 1964 wurde das Grundwerk der ursprünglichen Loseblattsammlung unter dem Namen „Handbuch der maschinellen Datenverarbeitung" ausgeliefert. Seit 1998 lautet der Titel der Zeitschrift unter Beibehaltung des bekannten HMD-Logos „Praxis der Wirtschaftsinformatik", seit Januar 2014 erscheint sie bei Springer Vieweg. Verlag und HMD-Herausgeber haben sich zum Ziel gesetzt, die Qualität von HMD-Heften und -Beiträgen stetig weiter zu verbessern. Jeder Beitrag wird dazu nach Einreichung doppelt begutachtet: Vom zuständigen HMD- oder Gastherausgeber (Herausgebergutachten) und von mindestens einem weiteren Experten, der anonym begutachtet (Blindgutachten). Nach Überarbeitung durch die Beitragsautoren prüft der betreuende Herausgeber die Einhaltung der Gutachtervorgaben und entscheidet auf dieser Basis über Annahme oder Ablehnung. Jedes Heft wird zudem nach Erscheinen von einem HMD-Herausgeber hinsichtlich Ausgewogenheit, Vollständigkeit und Qualität der einzelnen Heftbausteine begutachtet. Daraus gewonnene Erkenntnisse tragen zur Weiterentwicklung der Zeitschrift und zur Verbesserung des Betreuungsprozesses durch die Herausgeber bei.

Hochschule Darmstadt Prof. Dr. Matthias Knoll

Bibliographische Informationen

Wiedenhofer, André, Flexibilitätspotenziale heben – IT-Wertbeitrag steigern, HMD – Praxis der Wirtschaftsinformatik, Heft 289, Jhg. 50 (2013), S. 107–116.

Der Autor ist als Manager im Bereich Advisory Services der Ernst & Young Wirtschaftsprüfungsgesellschaft in Hamburg tätig.

Inhaltsverzeichnis

1 Der IT-Wertbeitrag als Zielvorgabe ... 1

2 Die neue „Normalität“ im Wettbewerb ... 5
2.1 Unsicherheit als Handlungsrahmen ... 6
2.2 Anforderungen an die IT-Funktion ... 6

3 Flexibilität zur Erhöhung der Reaktionsfähigkeit ... 9

4 Gestaltungsempfehlungen für die IT-Funktion ... 13

5 Ausblick: Entwicklung des Wertbeitrags ... 17

Literatur ... 19

Der IT-Wertbeitrag als Zielvorgabe

1

Der Wertbeitrag der Informationstechnologie (IT) wird seit langem in der Literatur diskutiert. Empirische Erkenntnisse gehen hauptsächlich auf die anglo-amerikanische Forschung zurück, welche den Wertbeitrag unter den Begriffen „Business value of IT" oder „IT-value proposition" subsumiert. In der Praxis werden auch Begriffe wie Leistung, Effizienz oder Produktivität für die Beschreibung des IT-Wertbeitrags genutzt.

Der IT-Wertbeitrag, d. h. der Beitrag der IT-Funktion zum Unternehmenserfolg, wird von Praktikern und Wissenschaftlern oftmals kritisch gesehen. Eine eindeutige Antwort auf die Frage, ob die IT-Funktion überhaupt einen Mehrwert für die Erreichung strategischer Ziele erbringt, gibt es nicht. Die Auffassungen gehen teilweise stark auseinander. Einige Experten sehen die IT insgesamt als Mittel zur Unterstützung, andere halten sie lediglich für einen „Rohstoff".

Auch für Unternehmen stellen sich die Vor- und Nachteile der IT uneinheitlich dar. Immer wieder wird von fehlgeschlagenen IT-Projekten berichtet.

So musste beispielsweise die Handelskette Shane Co. aufgrund von Schwierigkeiten bei der Einführung von „SAP for Retail" Gläubigerschutz beantragen. Das Handelsunternehmen Ingram Micro meldete 2011 einen Gewinneinbruch von US$ 70 auf 55 Mio., der sich hauptsächlich auf eine gescheiterte SAP-Implementierung zurückführen ließ. Der ERP-Anbieter Lawson wurde 2011 von der Caresource Group mit einem Streitwert von US$ 1,5 Mio. verklagt. Nach Gerichtsaussagen konnte die implementierte Software nicht abgenommen werden (Schaffry 2012).

Andererseits werden auch erfolgreiche IT-Projekte bekannt. So nahm beispielsweise der österreichische Anlagenbauer Aichelin im Zuge der Migration auf eine neue ERP-Software umfassende Bereinigungen vor und konnte dadurch den Um-

A. Wiedenhofer, *Flexibilitätspotenziale heben – IT-Wertbeitrag steigern*,
essentials, DOI 10.1007/978-3-658-06711-3_1

fang seiner Datenbank signifikant reduzieren. Die Omega Corporation gibt an, durch die Einführung eines neuen Help-Desk-Systems die Anzahl der Tickets maßgeblich verringert zu haben, so dass sie wieder ins Mittelfeld des Benchmarks rückte.

Diese gemischte Bilanz von IT-Projekten verdeutlicht anschaulich, warum viele Unternehmen eher skeptisch sind, wenn über den IT-Wertbeitrag diskutiert wird.

Die Debatte über den IT-Wertbeitrag hat sich in den vergangenen Jahren allerdings stark verändert. In den 1950er-Jahren wurden die ersten Computer hauptsächlich genutzt, um numerische Massendaten, wie z. B. Rechnungs- oder Gehaltsdaten, zu verarbeiten. Bis in die 1980er-Jahre bestand das erklärte Ziel darin, ihre Leistungsfähigkeit zu steigern. Hierzu wurden hauptsächlich Mainframe-Computer beschafft, deren Leistung hohe Investitionen rechtfertigte. So standen die Anschaffungs- und Betriebskosten im alleinigen Fokus. Um den Wertbeitrag zu messen, wurden daher meist finanzorientierte Kennzahlen wie z. B. der ROI oder NPV verwendet. Diese Kennzahlen fokussierten jedoch lediglich auf die finanzielle Perspektive der Investition. Organisatorische oder prozessuale Verbesserungen durch IT-Investitionen blieben im Kalkül unberücksichtigt.

Mit der Einführung von Mikrocomputern wurden Computer nicht mehr nur zur Verarbeitung von Massendaten genutzt, sondern auch zur Aufbereitung von Informationen für die Geschäftsführung. Traditionelle Methoden der Investitionsrechnung zur Messung des „IT-Wertbeitrags" wurden durch Ansätze wie „Total Cost of Ownership (TCO)" oder „Life-time Costs" ersetzt. Aber auch diese Methoden zeigten Schwächen. So beinhaltet die Berechnung des TCO lediglich Kosten. Investitionsentscheidungen werden jedoch zunehmend vor dem Hintergrund des wirtschaftlichen Nutzens getroffen.

In den 80er-Jahren untersuchten Cron et al. erstmals den Zusammenhang zwischen der Nutzung von IT und dem Unternehmenserfolg (Cron und Sobol 1983). Einige Jahre später konstatierte Solow, dass er das Computerzeitalter überall sehe – nur nicht in den Statistiken. Die stetige Zunahme an IT-Investitionen führte anscheinend nicht zu einem Produktivitätsanstieg. Solows Aussage löste weitreichende Debatten über das so genannte Produktivitätsparadoxon aus. Einige der späteren Studien stützten das Produktivitätsparadoxon, andere hingegen widerlegten es.

In den folgenden Jahren war die Entwicklung der IT maßgeblich vom Einfluss des Internets gekennzeichnet. Die Bedeutung der IT-Funktion entwickelte sich zunehmend weg vom Rechenzentrum, das lediglich Rechen- und Speicherleistungen erbrachte, und hin zu einem „Value Enabler", der aktiv neue Geschäftsmodelle unterstützt und voranbringt (z. B. bei Google, Apple, Amazon).

Während dieser Zeit untersuchten Berndt und Morrison, inwiefern IT-Investitionen einen zusätzlichen Wertbeitrag im Sinne von Kostenreduktion und Produktivitätszuwachs liefern könnten. Obwohl sie nur wenige Beweise fanden, konnten sie dennoch eine positive Korrelation zwischen ökonomischer Rentabilität und IT-Investitionen feststellen (Berndt und Morrison 1995). Anders argumentierte Carr. Er wies darauf hin, dass die IT-Funktion nicht länger von strategischer Bedeutung für Unternehmen sei (Carr 2003). Sein Argument war, dass IT-Investitionen von allen Unternehmen gleichermaßen getätigt werden und daher kein Alleinstellungsmerkmal im Wettbewerb brächten.

Cortés und Navarro untersuchten den Einfluss der IT auf das wirtschaftliche Wachstum innerhalb der Europäischen Union. Basierend auf Daten von Eurostat fanden sie heraus, dass IT-Investitionen einen starken Einfluss auf das Wachstum haben (Cortés und Navarro 2011).

Trotz der Vielzahl an Forschungsbeiträgen bleibt die Frage nach dem IT-Wertbeitrag in der Praxis weiterhin ungeklärt. Wie muss die IT-Funktion gestaltet sein, damit sie einen Wertbeitrag zum Unternehmenserfolg leisten kann?

Die neue „Normalität" im Wettbewerb 2

Gerade vor dem Hintergrund besonders dynamischer Märkte, z. B. der Arbeits- oder Kapitalmärkte, sehen sich Unternehmen mit einer Vielzahl von makroökonomischen Effekten konfrontiert. Dies ist nicht neu. Die Auswirkungen haben sich jedoch deutlich verstärkt. Marktspezifische Unterschiede, steigende Volatilität der Märkte sowie besorgte Stakeholder sind für viele Unternehmen zur täglichen Realität geworden.

Die konjunkturelle Entwicklung hat verdeutlicht, dass sich Märkte in einzelnen Ländern unterschiedlich verhalten. Die Wirtschaftsleistung der Schwellenländer erhöhte sich stark, während sich die Wirtschaftsleistung in den Industrieländern verringerte. China und Indien wiesen höhere Wachstumsquoten auf als moderne Industrienationen. Länder wie Großbritannien, die USA oder Spanien kämpfen weiterhin gegen den Abwärtstrend. Diese marktspezifischen Unterschiede haben Auswirkungen auf die betriebswirtschaftlichen Prozesse, die regelmäßig neu ausgerichtet werden müssen.

Auch die steigende Volatilität der Märkte hat Auswirkungen auf die Unternehmen. Auf ein Wachstum in einer Periode kann ein Verlust in der nächsten folgen. Dieses Phänomen ist längst nicht mehr nur den Schwellenländern vorbehalten. Prognosen und Planungen verlieren zunehmend ihre Validität (Ernst & Young 2010).

Auch die Vielzahl an regulatorischen Mechanismen, die eingeführt oder zumindest erwogen werden, lässt Investoren misstrauisch werden. Dieses Misstrauen wird zusätzlich befeuert durch anhaltende strukturelle Veränderungen. Die Lage wird zunehmend unübersichtlich. Unternehmen sehen sich mit einer unklaren Situation konfrontiert, die von Sparmaßnahmen, Gesetzesanpassungen sowie der ungewissen Zukunft in der Eurozone geprägt ist.

A. Wiedenhofer, *Flexibilitätspotenziale heben – IT-Wertbeitrag steigern*,
essentials, DOI 10.1007/978-3-658-06711-3_2

All diese makroökonomischen Effekte fördern die Dynamik der Märkte und erhöhen die Unsicherheit im Unternehmen. Die IT-Funktion sieht sich, ähnlich anderer Funktionen im Unternehmen, einer größeren Komplexität bei der Erbringung ihrer IT-Services gegenüber: rasch ändernde Kundenwünsche, neue Trends sowie zunehmend knapper werdende Ressourcen beeinflussen ihre Organisation, Strategie und Leistungserbringung.

2.1 Unsicherheit als Handlungsrahmen

Eine sichere Welt, in der unfehlbare Vorhersagen über externe Rahmenbedingungen getroffen werden können, existiert nicht. Aufgrund der Vielzahl an Beteiligten und deren Interdependenzen zirkulieren unvollkommene Informationen – ein Effekt, der durch unvollständige Aussagen bei der Entstehung dieser Informationen noch verstärkt wird. Diese Unsicherheit wirkt auf allen organisatorischen Ebenen des Unternehmens. Somit ist weder das Umfeld noch der innerbetriebliche Handlungsraum eindeutig beschreibbar. Führungskräfte sind dadurch nicht in der Lage, vorteilhafte Entscheidungen für ihr Unternehmen zu treffen. Denn wer nicht weiß, welcher Wertbeitrag durch zielgerichtete Investitionen in die IT-Funktion realisiert wird, kann nur aufs Geratewohl entscheiden.

Dennoch muss eine Führungskraft täglich Entscheidungen treffen. Ihr bleiben daher nur zwei Optionen: Sie beschließt, nichts zu entscheiden, oder sie entscheidet trotz Unsicherheit. Eine Entscheidung trotz Unsicherheit bedeutet immer zusätzliche Risiken. Diese Risiken können kleine, mittlere oder große monetäre Auswirkungen haben.

Aber nicht nur die Unsicherheit, sondern auch der Umstand, dass einmal getroffene Entscheidungen nicht oder nur teilweise revidiert werden können, muss berücksichtigt werden. Ein einmal eingeschlagener Weg kann oft aufgrund des Lock-In-Effekts nur schwer geändert werden. Mit zunehmenden Investitionen in die „falsche" Entscheidung bedarf es umso mehr Kraft, diese rückgängig zu machen.

2.2 Anforderungen an die IT-Funktion

Angesichts dieser Unsicherheit muss die IT-Funktion in der Lage sein, auf aktuelle Anforderungen der Fachbereiche situationsgerecht zu reagieren. Die so geschaffene Flexibilität ermöglicht ihr, ihren Wertbeitrag in Bezug auf den Unternehmenserfolg zu erhöhen.

Doch welche Anforderungen werden derzeit an die IT-Funktion gestellt?

Im Rahmen eines Forschungsprojekts an der Hochschule für Oekonomie & Management (FOM) im Fachbereich Wirtschaftsinformatik, Prof. Dr. Kern, wurden mit Hilfe einer qualitativen Inhaltsanalyse unterschiedliche Quellen zu diesem Thema ausgewertet. Neben Fachbeiträgen wurden auch Ergebnisse aus Social Media Netzwerken mit einbezogen. Basierend auf der zumeist englisch-sprachigen Literatur konnten über 400 unterschiedliche Aussagen zu den aktuellen Anforderungen an die IT-Funktion abgeleitet werden. Sie könnten Hinweise darauf geben, was den Wertbeitrag in IT-Projekten und im IT-Betrieb charakterisiert und beeinflusst.

Im Wesentlichen ergaben sich folgende Anforderungsgruppen:

- Kommunikation
  Die Kommunikation der IT-Funktion sollte stets das Zusammenwirken mit dem Fachbereich in den Vordergrund stellen. Aspekte wie Kommunikationsintervalle, Kommunikationstools (z. B. Wikis, Blogs etc.) und die entsprechenden Inhalte sollten adressatengerecht geplant werden.
- Controlling & Finanzen
  Nach Jahren des „Dotcom-Hype", der oft zu unreflektierten IT-Investitionen verleitete, besteht nunmehr ein Bewusstsein für eine angemessene IT-Rentabilität. Aspekte wie Kostensenkung, Budgetierung und IT-Investitionen müssen gesteuert werden.
- Infrastruktur & Betrieb
  Mit einer effektiven IT-Infrastruktur (Hardware, technische Kommunikationsnetze, Basisdienste etc.) können IT-Services priorisiert und erbracht werden. Die Anforderungen an sie variieren deutlich, z. B. hinsichtlich neuer Technologien (Cloud, Big Data, Collaboration usw.), Standardisierung oder der Userbetreuung.
- Innovationen
  Innovationen gelten als Wundermittel des Wachstums. Aber die Entwicklung von Innovationen ist komplex und ressourcenintensiv. Daher ist es für IT-Funktionen sinnvoll, effektive Strukturen im Innovationsmanagement zu etablieren.
- Mitarbeiter & Organisation
  Es werden sowohl neue Anforderungen an die Mitarbeiterstrukturen als auch an die organisatorische Entwicklung gestellt. Laut Umfragen ist die Gewinnung und Bindung von Personal eine der größten zukünftigen Herausforderungen: Mitarbeiter mit unterschiedlichen Qualifikationen (z. B. Administratoren oder Social Media Analysten) müssen rekrutiert und langfristig gehalten werden. Organisatorisch hingegen muss das Geschäftsmodell auf die äußeren Faktoren ausgerichtet werden.

- Prozesse
  Wertschöpfende IT-Prozesse sollten stets im Auge behalten werden. Eine der wichtigsten Herausforderungen hierbei sind Regulierungs- und Compliance-Anforderungen (z. B. gesetzliche, aufsichtsrechtliche). Weiterhin kommt der Prozesseffizienz eine entscheidende Rolle zu. Für IT-Funktionen ist es daher sinnvoll, zielgerichtete Maßnahmen im Prozessmanagement zu steuern, z. B. durch die Implementierung von Prozesszielen oder Prozesskontrollen.
- Projekte
  Die erfolgreiche Durchführung von IT-Projekten stellt immer noch eine bedeutende Herausforderung dar. Oftmals fehlen eindeutige methodische Regelwerke (z. B. PMI, IPMA, Prince2), die Dokumentation von Erfahrungen oder die Beherrschung der Komplexität. Ein Portfoliomanagement, das IT-Projekte auf Basis vorab definierter Kriterien (z. B. Kosten, strategischer Nutzen) bewertet, und ein Projektcontrolling unterstützen die Zielerreichung.
- Risiko & Sicherheit
  Der Global Fraud Report (Kroll 2011/2012) bestätigt, dass die Kosten infolge von Betrugsfällen durchschnittlich 23 % des Umsatzes betragen. Aufgrund der Sicherheitsbedrohungen (z. B. Haftungsrisiken oder Rufschädigung) genießen Sicherheitsanforderungen hohe Priorität. Die IT-Funktion kann ein Security Management einführen, um diesen Herausforderungen zu begegnen. Aspekte wie Business Continuity Management, Data Governance oder Data Privacy sollten berücksichtigt werden.
- IT-Services
  Angesichts der wirtschaftlichen Situation ist die IT-Funktion angehalten einerseits ihre IT-Services (z. B. Hosting, Entwicklung, Kundenbetreuung) stetig zu verbessern, andererseits diese jedoch auch ressourcenschonend anzubieten. Aufgrund dieses Dilemmas werden oftmals keine Verbesserungen an den IT-Services vorgenommen. Um diese ambivalenten Vorgaben steuern zu können, wird ein IT-Service-Management gefordert.

3 Flexibilität zur Erhöhung der Reaktionsfähigkeit

Mit Blick auf die dargestellte Unsicherheit und die begünstigenden Faktoren für den IT-Wertbeitrag müssen die Unternehmen eine Strategie zum Umgang mit den aufgezeigten externen Einflüssen entwickeln. Die Steigerung der Reaktionsfähigkeit bildet dabei die Grundlage für die Sicherung und den Ausbau der Wettbewerbsfähigkeit. Um diese Reaktionsfähigkeit zu unterstützen, sollten die Funktionen so aufgestellt sein, dass sie flexibel auf neue Anforderungen reagieren können.

Unter Flexibilität wird allgemein die Fähigkeit verstanden, sich anzupassen oder schnell auf neue Situationen zu reagieren. Oftmals werden unter Flexibilität auch die Begriffe Agilität, Anpassungsfähigkeit oder Vielseitigkeit zusammengefasst. Aber auch Eigenschaften wie Biegsamkeit oder Gelenkigkeit werden flexiblen Objekten zugeschrieben. All diese Begriffe vereint die Wandlungsfähigkeit (Evans 1991).

Oftmals konzentriert sich die Flexibilität der IT-Funktion nur auf einzelne Aspekte (z. B. auf die agile Softwareentwicklung). Die grundsätzliche Entwicklung einer Strategie zur Erhöhung der betrieblichen Flexibilität muss jedoch sämtliche Anforderungen berücksichtigen, die an die IT-Funktion gestellt werden (vgl. Abb. 3.1). Je nach Unternehmensziel, rechtlichen Rahmenbedingungen und Erwartungen an die Zukunft, können Flexibilisierungspotenziale ausgestaltet werden. Erst durch die flexible Umsetzung der dargestellten Anforderungen an die IT-Funktion kann ein angemessener IT-Wertbeitrag bereitgestellt werden.

Weiterführend kann Flexibilität auch bedeuten, dass IT-Services für die internen Kunden zuverlässiger und schneller zur Verfügung gestellt werden (z. B. können Anpassungen an bestehenden Applikationen zeitnah vorgenommen oder neue Applikationen betrieben werden). Auch kann Flexibilität beinhalten, dass die IT-Services bedarfsgerecht angeboten werden (z. B. die Abnahme von Speicherka-

A. Wiedenhofer, *Flexibilitätspotenziale heben – IT-Wertbeitrag steigern*, essentials, DOI 10.1007/978-3-658-06711-3_3

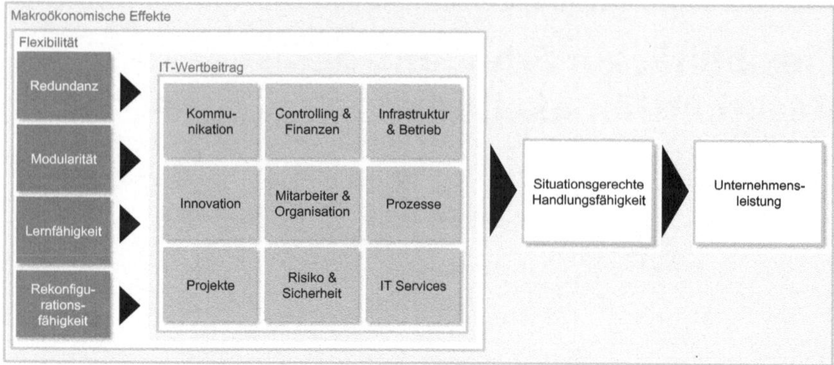

Abb. 3.1 Prinzipien zur Erhöhung des IT-Wertbeitrags

pazität in geeigneten Kapazitätsgrößen). Die Steuerung der IT-Services sollte stets in enger Rücksprache mit den Fachbereichen erfolgen. Als Kunden können die Fachbereiche den Bedarf an benötigten Leistungen realistisch einschätzen. Eine regelmäßige Aktualisierung des IT-Service-Katalogs verbessert somit die Kundenausrichtung.

Insgesamt, sollte die Fähigkeit der IT-Funktion, bestehende Anforderungen situationsgerecht umzusetzen, nachhaltig aufgebaut werden. Die Prinzipien Redundanz, Modularität, Rekonfigurationsfähigkeit und Lernfähigkeit sollten berücksichtigt werden (u. a. Horstmann 2006):

- Redundanz
  Um schnell auf unterschiedliche Situationen reagieren zu können, bedarf es eines Überschusses an Ressourcen in qualitativer und quantitativer Hinsicht. Diese können situationsgerecht auf neue Veränderungen allokiert werden, um möglichen zukünftigen Szenarien gerecht zu werden (z. B. dem kurzfristigen Mehrbedarf an Speicherplatz).
- Modularität
  Um auf neue Anforderungen reagieren zu können, sollten einzelne prozessuale, technische oder organisatorische Komponenten voneinander entkoppelt werden. Die Modularität hat den Vorteil, dass diese Komponenten bei einer Neugestaltung bestehen bleiben und weiterhin neu kombinierbar sind. Dieses Prinzip wird z. B. im Rahmen von serviceorientierten Architekturen oder bei objektorientierten Programmiersprachen verwendet.

- Rekonfigurationsfähigkeit
  Die Fähigkeit zur Rekonfiguration und zur Anpassung von Strukturen beinhaltet das Erkennen von Veränderungen sowie die Initiierung des Wandlungsprozesses. Dieser Wandlungssprozess greift auf weitere Prinzipien zu. Als geeignete Maßnahmen können hier beispielsweise die Einführung kurzer Entscheidungswegen genannt werden.
- Lernfähigkeit
  Lernfähigkeit unterstützt das frühzeitige Erkennen von Zusammenhängen. Mithilfe des Lernkurveneffektes können einzelne Erfahrungen auf neue Herausforderungen angewendet werden. Hier kann z. B. der Fähigkeitsausbau durch Weiterbildungen oder die regelmäßige Bewertung technologischer Trends genannt werden.

Die Freisetzung von Flexibilitätspotenzialen mit Hilfe der beschriebenen Prinzipien stellt die IT-Funktion jedoch auch vor teilweise erhebliche Herausforderungen. Die organisatorische Umsetzung der Flexibilitätssteigerung bedarf der Bindung von IT-Ressourcen, die ein hohes Flexibilitätspotenzial aufweisen, sowie regelmäßig zwingend notwendiger Investitionen. Gerade die Bereitstellung redundanter Ressourcen steht häufig in Zusammenhang mit einer starken Kostensteigerung.

Dieses Spannungsfeld zwischen Mittelbindung, Investitionen und Kosten einerseits und unerlässlicher Wandlungsfähigkeit andererseits ist bekannt als strategisches Dilemma oder Flexibilitätsparadoxon. Dieser Gegensatz muss zweckmäßig ausbalanciert werden. Aufgrund des maßgeblichen Einflusses auf die Kostenstrukturerscheint daher die Zielsetzung, die Organisation zu stark zu flexibilisieren, nicht sinnvoll. Auch die Flexibilität hat Grenzen. Dies muss Berücksichtigung finden.

Gestaltungsempfehlungen für die IT-Funktion

4

Ausgehend von den dargestellten Anforderungen sowie von den allgemeinen Prinzipien der Flexibilität sollen nachfolgend konkrete Gestaltungsempfehlungen vorgestellt werden. Sie beeinflussen den Wertbeitrag positiv und unterstützen die IT-Funktion beim strukturierten Aufbau ihres Flexibilitätspotenzials. Abbildung 4.1 bietet hierzu eine übersichtliche Darstellung. Aufgrund der Vielzahl möglicher Gestaltungsmerkmale sollen im Folgenden jedoch nur ausgewählte Empfehlungen genauer betrachtet und anhand von Umsetzungsbeispielen dargestellt werden.

Im Bereich Mitarbeiter & Organisation kommt der Flexibilisierung des Arbeitsumfelds eine bedeutende Rolle zu. Diese Flexibilisierung beruht maßgeblich auf dem Prinzip der Redundanz. Im Sinne der Redundanz wird das Arbeitsumfeld derart gestaltet, dass es jederzeit erweitert werden kann. Durch eine breite Vermittlung von Führungskompetenzen, durch Vertreterregelungen oder den Aufbau von Mehrfach-Qualifikationen können Mitarbeiter zeitnah für weitere bzw. andere Aufgaben eingesetzt werden. Aufgrund ihrer Mehrfach-Qualifikation können Mitarbeiter beispielsweise bei der Administration von Datenbanken oder bei der übergreifenden Steuerung von IT-Projekten eingesetzt werden (Rollenflexibilität). Im Rahmen der Redundanz können auch organisatorische Ressourcenpools gestaltet werden, die z. B. Führungskräfte vereinen. Diese Führungskräfte können wechselnde Tätigkeiten in diversen Bereichen durchführen (z. B. als Projektmanager).

Die Rekonfigurationsfähigkeit wiederum ist von den Mitarbeitern selbst geprägt. Wenn der Aufgabenbereich der Mitarbeiter nicht unnötig eingeschränkt und wenn Kompetenzen und Zuständigkeiten angemessen zugewiesen sind, können die Mitarbeiter im Rahmen definierter Entscheidungsräume eigenständig je nach Situation auf äußere Einflüsse reagieren. Beispielsweise können Mitarbeiter ihre Arbeitszeit ihrer täglichen (Mehr-) Belastung ergebnisorientiert anpassen

A. Wiedenhofer, *Flexibilitätspotenziale heben – IT-Wertbeitrag steigern*, essentials, DOI 10.1007/978-3-658-06711-3_4

	Redundanz	Modularität	Lern-/Entwicklungsfähigkeit	Rekonfigurationsfähigkeit
Mitarbeiter & Organisation	- Ausbau strategischer Handlungsoptionen - Umfassende Stellvertreterregelung - Breite Vermittlung von Führungskompetenzen - Nutzung von Zeitarbeit - Aufbau von Mehrfach-Qualifikationen	- Modulare, situationsgerechte Weiterbildungskonzepte - Integration funktionaler Organisationsstruktur - Virtuelles Arbeiten ermöglichen	- Diversifizierte IT-Strategie - Fähigkeitsausbau durch regelmäßige Weiterbildungen - Dezentrale Einbringung notwendiger Weiterbildungen - Kurze Genehmigungswege - Gestaltung eines Inzentivierungssystems	- Bottom-Up-Entwicklung der Strategie - Integration eines Strategiecontrollings - Agile Adaption der IT-Strategie - Einführung von Eskalationsregelungen - Selbstbestimmung der Mitarbeiter - Flexible Arbeitzeitregelungen
Risiko & Sicherheit	- Parallele Anwendung von IT-Security-Tools - Mehrfachbesetzung von Zuständigkeiten	- Modulargestaltete IT-Security-Systeme - Stetiger Informationsaustausch mit Dritten - Nutzung modularer IT-Security-Frameworks (z. B. BSI)	- Regelmäßige Aktualisierung der Security Tools - Aufbau von Expertencommunities zu IT-Security-Themen	- Verankerung von individuellen KPIs - Präventive Identifizierung von Risiken - Schaffung von Awareness bei den Mitarbeitern
Infrastruktur & Betrieb	- Schaffung von Überkapazitäten - Redundante Datenhaltung - Parallele Anwendung von IT-Systemen zur Abdeckung gleicher Anforderungen	- Modulare Applikationen/Software - Standardisierung - Externalisierung von Hard- und Software - Einsatz von Virtualisierungsmöglichkeiten	- Bewertung aktueller technologischer Entwicklungen - Ausbau von Netzwerkstrukturen - Einsatz von Open-Source-Lösungen	- Hierarchiegerechte Entscheidungsstufen - Klare Eskalationsregelungen - Verankerung von I&O-spezifischen KPIs - Entwicklung empfängerorientierter Reports
Prozesse	- Redundante Funktionen - Redundanz von Prozessen mit gleichen Zielen - Auslagerung von Prozessen	- Modulare Prozessgestaltung - Aufbau temporärer Funktionen (z. B. Projekte) - Schaffung eines Prozessmanagements	- Aufbau von agilen Personalentwicklungsprozessen - Nutzung von BPR-Methoden	- Beschränkung von ausufernden Prozessregeln - Schaffung einer Kultur, in der Fehler „erlaubt" sind - Situationsgerechte Anpassung der Prozesse - Synchronisierung der Prozessdaten mit Umsystemen
Projekte	- Einsatz von mehreren Teammitgliedern mit Projektleiterqualifikation - Einrichtung Projektassistenz - Einsatz von externen Projektleitern	- Vorgabe der Projektmanagementmethodik - Planung unterschiedlicher Szenarien - Schaffung von Ressourcenpools	- Einbringen von Lessons Learned - Integration von Fähigkeiten im Portfoliomanagement - Fähigkeitsaufbau zum Projektmanagement im Führungsteam	- Kurze Entscheidungswege zum Lenkungsausschuss - Eindeutige Eskalationswege - Frühzeitige Umplanung bei Umfeldänderungen
Innovationen	- Aufbau paralleler Entwicklungsteams - Einbezug aller Mitarbeiter in den Ideenfindungsprozess	- Aufbau eines dezentralen Innovationsmanagements - Prozessstandardisierung zur Ideengenerierung	- KPI-Steuerung zur Steigerung der Ideengenerierung - Unterstützung von personellen Netzwerken - Automatisierung von Routineaufgaben	- Dezentrale Diskussion von Innovationen - Durch Mitarbeiter initiierter Innovationsprozess - Korrespondierendes Innovationscontrolling - Schaffung von Freiraum für Innovationen
IT-Services	- Schaffung von redundanten IT-Services - Kopplung der IT-Services mit IT-Produkten	- Aufbau modularer IT-Services - Nutzung von service-orientierten Architekturen - Anlehnung an Standards für ITSM - Segmentierung der Kunden für IT-Services	- Aufbau eines umfangreichen IT Service Repository	- Dezentrale Gestaltung der IT-Services - Erkennung von potentiellen Anforderungen
Controlling & Finanzen	- Schaffung finanzieller Rücklagen - Planung im Gegenstromverfahren	- Nutzung verschiedener Finanzierungsarten - Planung mit dezentralen Teilplänen - Externalisierung von Ressourcen (z. B. Offshoring, Outsouring, Leasing)	- Empfängergerechtes Reporting - Regelmäßige Rückkopplung zum Management - Analyse von makroökonomischen Trends	- Selbstbestimmung innerhalb der Budgetgrenzen - Verankerung von Beyond Budgeting - Identifikation von Prämissenänderungen
Kommunikation	- Nutzung unterschiedlicher Kommunikationswege für ähnliche Informationen - Redundante Bereitstellung von Informationen auf unterschiedlichen Plattformen	- Steigerung der Kommunikation aller Mitarbeiter - Dezentralisierung der Kommunikation	- Ausbau der Kommunikationsmittel und -plattformen - Weiterentwicklung der Kommunikationsfähigkeiten der Mitarbeiter	- Reibungslose Versorgung der Mitarbeiter mit Informationen - Uneingeschränkter Zugriff auf relevante Informationen

Abb. 4.1 Gestaltungsempfehlungen für die IT-Funktion

(Arbeitszeitregelung). Auch eine Kultur, die Fehler zulässt, schafft Flexibilität. Sofern Mitarbeiter verstehen, dass auch Fehler einen Fortschritt bedeuten, können Entscheidungsräume wesentlich freier genutzt werden. Die Folge wären verkürzte Entscheidungswege.

Im Zuge der Flexibilisierung von Infrastruktur & Betrieb steht die Forderung nach einem modularen Aufbau der Applikationen sowie der Software im Vordergrund. Oftmals ist in Unternehmen eine Vielzahl von IT-Systemen zu finden, die unterschiedliche Aufgaben wahrnehmen. Diese Systeme stehen zumeist disjunkt nebeneinander. Eine hohe Integration mit loser Kopplung der einzelnen Module ist bei Insellösungen daher meistens nicht gegeben. Anders stellt sich die Situation etwa bei den Modulen der Firma SAP dar: Jedes angebotene Modul (z. B. FI, CO, HR) nimmt eigenständige Aufgaben wahr. Mit Hilfe einheitlicher Schnittstellen können weitere Module angekoppelt werden, die den Funktionsumfang situativ erweitern. Auch durch eine hohe Standardisierung (z. B. bei Schnittstellen, Datenaustauschformaten, Übermittlungsdiensten) können Flexibilitätspotenziale ausgebaut werden. Das Prinzip der Lernfähigkeit kommt hier insbesondere bei der Identifizierung und Bewertung neuer technologischer Trends zum Ausdruck. Durch die regelmäßige Beobachtung neuer technologischer Entwicklungen auf dem Markt können Rückschlüsse auf die eigene IT-Infrastruktur gezogen und Weiterentwicklungsmöglichkeiten abgeleitet werden. Die Lernfähigkeit beinhaltet jedoch auch die Fähigkeit, Berichtsformate empfängerorientiert anzupassen und um neue Informationen und Kennzahlen situativ zu ergänzen.

Auch die Flexibilisierung der IT-Prozesse kann mit Hilfe der Prinzipien weiterentwickelt werden. Um die Redundanz der Prozesse zu erhöhen, bedarf es unterschiedlicher Mitarbeiter oder Organisationseinheiten, die Prozesse mit gleichem Prozessziel nutzen. So kann beispielsweise die Anfrage nach IT-Services durch den Fachbereich telefonisch, online oder durch persönliche Ansprache erfolgen.

Um auch die Rekonfigurationsfähigkeit der Prozesse zu erhöhen und somit zum Ausbau der Flexibilität beizutragen, sind weitere Prinzipien denkbar. Beispielsweise kann der Umfang von Prozessvorschriften oder von allgemeinen Regelungen reduziert werden. Durch diese Vereinfachung des Regelwerks kann Freiraum für situativ festgelegte Vorgehensweisen geschaffen werden. Bei der Bearbeitung von Change Requests können Wertgrenzen eingeführt werden, die die Entscheidung und den Prozess verkürzen.

Im Bereich Controlling & Finanzen entsteht das Flexibilisierungspotenzial im Wesentlichen durch die Anpassung der Finanzierungsarten und der Jahresplanung. In quantitativer Hinsicht ergibt sich eine finanzielle Flexibilität, wenn liquide Mittel kurzfristig abgerufen werden können. Diese Möglichkeit kann beispielsweise durch schnell veräußerbares Umlaufvermögen, liquide Mittel, höhere Kreditlinien oder kurzfristig verfügbarer Bankguthaben geschaffen werden. Neben der Schaffung monetärer Rücklagen können auch alternative Finanzierungsformen wie z. B. Asset-Back-Securities, Sale-and-Lease-Back, Factoring oder Leasing verwendet werden (Horstmann 2006). Die notwendige Ressourcendichte im Unternehmen kann hierdurch minimiert werden.

Aber auch die Flexibilisierung der Planung (z. B. Budget- oder Umsatzplanung) spielt in diesem Bereich eine wichtige Rolle. So kann im Rahmen des Prinzips der Redundanz das Gegenstromverfahren eingesetzt werden, um sowohl Bottom-Up- als auch Top-Down-Planungsdaten zu erheben. Nach der Konsolidierung führt diese Redundanz der Planungsdaten zu verlässlicheren Aussagen.

5 Ausblick: Entwicklung des Wertbeitrags

Von der IT-Funktion wird erwartet, dass sie in enger Zusammenarbeit mit den Fachbereichen die Anforderungen so erfüllt, wie sie je nach Situation formuliert werden: Innovationen sollen technisch umgesetzt, Projekte erfolgreich durchgeführt und bei allen Applikationen sollen Kosten eingespart werden. Von der IT-Funktion wird zudem erwartet, dass sie neue Anforderungen umsetzt, um ihren Wertbeitrag zu halten und zu steigern. Für einen reibungslosen Ablauf muss die IT-Funktion daher organisatorische Maßnahmen treffen, die es ihr ermöglichen, flexibel auf Adhoc-Anforderungen zu reagieren.

Während bereits eine Vielzahl von Forschungsbeiträgen die organisatorischen Auswirkungen von IT-Investitionen adressieren, wird der Wirkungszusammenhang von Effizienzsteigerungen aufgrund der Investition in die Flexibilitätspotenziale der IT-Funktion jedoch vernachlässigt.

Interessant bleibt die Frage, wie eine Zunahme der Kosten bei steigendem Flexibilisierungsgrad vermieden werden kann. In welchem Umfang unterscheidet sich der Flexibilisierungsgrad bei klassischen Rechenzentren und Entwicklern neuer IT-Produkte und -Dienstleistungen? Um diese Fragen zu beantworten, bedarf es sicherlich der Ausgestaltung geeigneter Methoden zur Messung der Flexibilität. Sind die traditionellen Methoden zur Messung des IT-Wertbeitrags denn auch hierzu geeignet?

Die bei der Beantwortung dieser Fragen gewonnenen Erkenntnisse können einen wichtigen Beitrag im Rahmen alternativer Konzepte zur Steuerung der IT-Flexibilität darstellen. Gleichzeitig können sie aber auch genutzt werden, um Zielvorgaben an die IT-Funktion zu formulieren. Dies würde die IT-Funktion unter-

A. Wiedenhofer, *Flexibilitätspotenziale heben – IT-Wertbeitrag steigern*, essentials, DOI 10.1007/978-3-658-06711-3_5

stützen, ihre IT-Services anforderungsgerecht dem Fachbereich bereitzustellen. Sollte dies nicht gelingen, behindert dies die Reaktionsfähigkeit der IT-Funktion. Ihr Wertbeitrag sinkt.

In diesem Sinne besitzen die Worte von Gustav Heinemann noch immer ihre Gültigkeit: „Wer nichts verändern will, wird auch das verlieren, was er bewahren möchte.“

Literatur

Berndt ER, Morrison CJ (1995) High-tech capital formation and economic performance in U.S. manufacturing industries: an exploratory analysis. J Econ 1(65):9–43

Carr NG (2003) IT doesn't matter. Harv Bus Rev 5:41–49

Cortés AE, Navarro J-LA (2011) Do ICT influence economic growth and human development in European Union countries? Int Adv Econ Res 1(17):28–44

Cron WL, Sobol MG (1983) The relationship between computerization and performance. Inf Manag 3(6):171–181

Ernst & Young (2010) Wachstum und Wettbewerb: Vom Aufschwung profitieren

Evans JS (1991) Strategic flexibility for high technology manoeuvres: a conceptual framework. J Manag Stud 1(28):69–89

Horstmann J (2006) Operationalisierung der Unternehmensflexibilität: Ganzheitliche Konzeption zur umwelt- und unternehmensbezogenen Flexibilitätsanalyse. Dissertation, Giessen

Kroll (2011) Global Fraud Report (Annual Edition): the strategic impact of fraud, regulation, and compliance

Schaffry A (2012) SAP, Oracle, Epicor, Lawson und Co.: Die 10 größten ERP-Pannen 2011. http://www.cio.de/knowledgecenter/erp/2299746/. Zugegriffen: 7. Juli 2012

A. Wiedenhofer, *Flexibilitätspotenziale heben – IT-Wertbeitrag steigern*, essentials, DOI 10.1007/978-3-658-06711-3